Reflexões para fortalecer o coração

Cesar
ROMÃO
Motivação para TRANSFORMAÇÃO

Reflexões para fotalecer o coração

Academia

Coordenação editorial: Débora Guterman
Capa: Marcílio Godoi
Revisão: Tulio Kawata
Projeto de miolo e diagramação: Gustavo Abumrad

Dados Internacionais de Catalogação na Publicação (CIP)
(Câmara Brasileira do Livro, SP, Brasil)

Romão, Cesar
Reflexões para fortalecer o coração / Cesar Romão. –
São Paulo : Editora Academia de Inteligência, 2009.

Bibliografia
ISBN 978-85-60096-10-7

1. Auto-ajuda 2. Conduta de vida 3.
Espiritualidade 4. Felicidade 5. Humildade
6.Reflexões I. Título.

09-01375 CDD-158.1

Índices para catálogo sistemático:

1. Reflexões : Psicologia aplicada 158.1

Reflexões para fortalecer o coração reúne dois livros do autor lançados anteriormente, *Encontre sua estrela* e *Ainda bem que você existe*.

2009

Editora Academia de Inteligência Ltda.
Avenida Francisco Matarazzo, 1500 – 3º andar – conj. 32B
Edifício New York
05001-100 – São Paulo-SP
www.academiadeinteligencia.com.br
www.editoraplaneta.com.br
vendas.academia@editoraplaneta.com.br

Dedico este livro ao meu avô João Romão Filho, o Zico,
uma estrela que ainda brilha em meu caminho.

"Vós sois a luz do mundo..."

Mateus 5:14

Apresentação

Este livro é um momento, um momento em que você poderá refletir sobre sua própria importância como uma peça do Jogo do Divino. Um momento em que as dúvidas e as certezas sempre batem forte em nossas decisões e emoções, e, talvez, esse seja o jeito de fazer o Universo seguir seu caminho. Talvez seja também, realmente, o jeito de fazer sua existência chegar ao seu verdadeiro lugar, descobrindo a sua estrela.

Momentos são momentos, eles vão e vêm. Muitas vezes, gostaríamos de ter sobre eles total controle, mas não conseguimos, e, talvez, estejam na rebeldia desses momentos as verdadeiras lições capazes de despertar nossa coragem, nossa crença, nosso amor e nossa fé pela vida.

A humildade é a chave de todas as portas. Talvez nos falte esta chave para abrirmos as portas de nosso verdadeiro caminho, deixando de lado a sensação de que somos felizes apenas quando percebemos que estamos melhores que outras pessoas.

Cada polegada que precisamos para levar uma vida feliz está ao nosso lado, junto aos nossos familiares, amigos e até mesmo pessoas desconhecidas. Não é só o fazer, mas o melhorar dia a dia que nos promove em nossa busca.

1

Você é uma manifestação do Divino neste planeta e, de alguma maneira, Deus percebeu em sua alma uma oportunidade a mais para deixar Sua marca no caminho da existência.

2

Você é a chance que alguém tem de poder manifestar uma paixão, sentir uma saudade, despertar uma esperança, sorrir com alegria e caminhar com a certeza de que não se está só.

3

Você é uma chance a mais para a paz, uma chance a mais para a caridade, uma chance a mais para o perdão, uma chance a mais para a fé.

4

Você é tudo que pode fazer alguém feliz, você é o ombro de um coração em algum lugar, você é a mão que embala o carinho de alguém.

5

Eis em você mais uma oportunidade de um sonho realizado que poderá transformar ideias, sentimentos, visões de futuro e corações.

6

Eis em você mais um par de olhos para brilhar e mostrar o caminho, eis em você mais um par de mãos para ser estendido, eis em você mais uma voz para ser ouvida, eis em você mais um par de pés para abrir novos caminhos, eis em você mais uma alma especial.

7

Com você, as possibilidades de o relacionamento familiar se perpetuar são ainda maiores, as possibilidades de expandir a religiosidade são ainda maiores, as possibilidades de mostrar que o amor é o caminho são ainda maiores.

8

Graças a você, mais uma vez o milagre da existência atua em favor deste Universo, mais uma vez o Universo manifesta sua grandiosidade, mais uma vez o sopro do Criador mostra seu poder.

9

Você é uma mente brilhante que irradia inteligência e novas perspectivas para o desenvolvimento humano, mais ideias e ações capazes de mostrar novas alternativas aos que ainda estão na busca. Uma busca que nos ensina, a cada instante, com o poder de fazer de cada um de nós um momento especial no Universo.

10

Com você as palavras e as reflexões podem encontrar um campo fértil na transformação de pessoas em instrumentos do destino.

11

Existir consiste em vencer desafios, questionar modelos, vivenciar experiências, duvidar do certo, aceitar o duvidoso, abandonar uma bagagem e, muitas vezes, carregar outra que nem leva nosso nome.

12

Às vezes, nossos problemas parecem imensos e acabamos nos sentindo indefesos. Quando o seu problema for realmente grande, acerte-o bem no centro; é ali que você deve aplicar sua vontade de solucioná-lo. Lembre-se de Davi e Golias. O problema vai cair bem diante de você. Coragem: problemas não são suficientemente grandes, nós é que ainda somos pequenos para encontrar uma solução para eles. Lembro-me das dificuldades que eu tinha, quando garoto, em subir no pé de jabuticaba de meu tio Hélio, em Santo Antônio de Posse. Hoje, encosto na árvore e todas as jabuticabas estão ao meu alcance. A árvore continua com a mesma altura de antes; eu, que tinha um metro e alguma coisa naquela época, evoluí para um metro e oitenta. Existimos para crescer e deixar o Universo num tamanho que caiba em nossa compreensão e nos permita viver rumo aos nossos anseios.

13

Sempre que puder, agradeça por tudo que lhe acontece. Não importa o que seja. Mesmo que possa parecer a pior coisa do mundo. Tudo sempre é e será uma boa lição. Aprendemos com essas lições. Agradecer pelo que lhe acontece vai torná-lo uma pessoa em comunhão com o Universo. Existem caminhos estranhos no aperfeiçoamento de nosso espírito e de nosso coração. Reclamar de algo que não teve o resultado que gostaria talvez o afaste de uma ação de análise mais detalhada dos fatos. Quando agradecemos, deixamos para trás as emoções nocivas que podem exercer influência em nossas decisões, abandonamos o nosso íntimo e optamos por pensar que o destino está nos levando para onde não queremos ir. Agradecer é como dizer que você abençoa o que lhe acontece, e até mesmo o poder do fogo se rende à ternura da água. Faça como a árvore do sândalo, que perfuma o machado que a fere.

14

Todas as manhãs, abra seus braços para tudo que possa vir com o dia. Mostre-se forte e avise ao novo dia que você está chegando para tirar o melhor que ele puder lhe dar. A vida nos oferece uma bênção diária todas as manhãs, eis aí a oportunidade de reparar alguns deslizes, reforçar o romance meio adormecido, enviar aquela palavra de conforto. Dias são chances, ensejos para serem aproveitados, vividos com sabor. Dias existem para que você possa existir; as coisas acontecem para que você possa vivê-las. Seu destino não está escrito nas estrelas, ele apenas é iluminado por elas enquanto você faz o seu melhor. O dia é um "oi" do Universo, um aviso de que ainda há muito a ser feito para você e por você.

15

A paixão por algo ocorre em nossas vidas quando temos uma rápida visão do potencial para o nosso projeto de vida. A paixão é desenvolvida quando você analisa o que deseja para si e encontra um plano para alcançar suas metas; quando se caminha em direção às metas planejadas; e, finalmente, quando se usa o coração para direcionar essa paixão. Além disso, no decorrer desses processos, é fundamental fazer os contatos certos, com pessoas que possuam atributos para auxiliá-lo no caminho.

Paixão é um sentimento que cria enzimas positivas em nosso metabolismo e coloca nosso corpo para funcionar a nosso favor. Paixão é um sentimento mágico que torna nossas ações mágicas e nos faz ver surgir à frente o caminho de que precisamos. As maiores oportunidades da vida sempre escolhem a porta das pessoas apaixonadas pelo que fazem para ali entrar e permanecer. Tenha paixão pela vida, tenha paixão por tudo o que faz; assim, a vida e tudo o que você faz também vão se apaixonar por você.

16

Plantar boas ações é como semear o campo em que você mesmo colhe. Certa vez, a princesa Diana encontrou-se com a Madre Teresa de Calcutá. A foto desse encontro foi manchete em todo o mundo. Alguns jornais traziam a manchete: "O encontro das duas princesas". Em uma de minhas palestras, enquanto mencionava o fato e mostrava a foto, uma participante me perguntou: "Em sua opinião, qual delas realmente é a princesa?". Achei a pergunta interessante. Olhei para a foto e respondi: "Bem, gostei da pergunta... Na minha opinião, acredito que a Madre Teresa de Calcutá reflete em seus olhos e em suas ações um poder maior de semear; não consigo perceber esse poder nos olhos da princesa Diana. Isso me faz escolher a Madre Teresa de Calcutá como a verdadeira princesa desse encontro. Mas, se *Lady* Diana foi lá para aprender com ela, então as duas são realmente princesas". Quando sentir que o mundo ou as pessoas não estão lhe fazendo bem, efetue uma ação que semeie o bem para alguém.

17

Seja a pessoa que você é. Faça, pelo menos uma vez na vida, algo que sempre quis. Não importa o que os outros possam dizer. O que importa é aquilo que você viverá e sentirá. Ninguém tem o poder de fazê-lo infeliz, abafar seu brilho ou impedi-lo de ser feliz. Somos aquilo que somos por aquilo que vivemos. Viver a plenitude de nosso coração vai nos fazer por fora aquilo que realmente somos por dentro. As máscaras que usamos são armaduras que nos enrijecem em nossas ações e sentimentos; engolimos nossas lágrimas quando elas deveriam correr por nosso rosto; mastigamos nossas opiniões quando elas deveriam estar sendo ouvidas; sufocamos nosso amor pela pessoa que escolhemos por medo de expor a grandiosidade desse sentimento. Tudo aquilo que as pessoas pensam sobre você são pensamentos delas mesmas. Imponha com humildade o estilo de pessoa que você é, não importando a quem vai agradar ou não.

18

Encontre um bom cantinho para você em sua casa ou onde quer que seja. Aquele cantinho para você ir quando sentir preguiça. Um local onde você possa passar bons momentos junto de você. Arranje o seu cantinho onde você possa ficar, descansar, relaxar e esperar a preguiça passar. Encontre um lugar sagrado para estar com você, para fazer sua oração. Nossa mente é muito barulhenta quando deixamos que ela se manifeste. Ela, às vezes, fala tanto que nossa alma acaba ficando muda. Esse cantinho deve servir para você conversar com sua alma, com seu interior. O vento nasce nos cantinhos que Deus sopra.

19

Chega de carregar sua cruz. Abandone-a em qualquer lugar. O sofrimento adora um carinho e não vai deixar você. Acariciar as coisas indesejáveis de nossa vida apenas nos impede de buscarmos uma maneira melhor de viver, e, de tanto falarmos nelas, elas realmente começam a fazer parte de nossas vidas. Então lá vamos nós, dizendo que nem tudo é brisa. Tem gente que, se resolve os problemas de sua existência, sente dificuldade em existir. Contar problemas do passado, no presente a ser vivido, é ocupar seus ombros com traves que vão terminar por fazer você se arrastar em vez de caminhar livremente.

20

Estamos numa era avançada em que a comunicação é instantânea pelo uso do *e-mail*. Mas, de vez em quando, pegue um pedaço de papel e escreva, à mão, uma carta para quem você gosta ou para alguém de quem você sinta saudade. As cartas levam a energia de quem as escreve para quem as recebe. Um bilhete com sua letra, um rascunho com seu jeitão de escrever. A troca de energia nos faz diferentes, nos faz mais próximos, desperta mais carinho e mostra uma atenção especial. Quer ser uma pessoa especial? Faça coisas especiais!

21

Quando se olha no espelho, você tem certeza de que realmente vê a pessoa que gostaria de ser? Encontra o ser maravilhoso que você é? Pense nisso! Você é aquilo que gostaria de ser? Ser feliz é olhar-se no espelho e dizer: Olá, pessoa maravilhosa!

Se ele não lhe responder da primeira vez, pergunte de novo, e, caso não tenha uma resposta ainda assim, diga para você mesmo: Obrigado por você existir, e tenha um excelente dia!

E lembre-se de que tudo aquilo que você sempre considerou como crítica pode ajudar no seu crescimento.

Faça seus planos, defina os meios, e você verá que o alvo de sua vida está a menos de um palmo do seu nariz.

22

Leve uma vida faraônica. Use suas melhores coisas todos os dias: suas roupas, seu carro, seus pensamentos. Use sempre o seu melhor! Esqueça a roupa de missa. Agora, a missa é todo dia. Você merece o melhor do que possui todos os dias! Por que esperar ocasiões especiais? Agora é o momento!

23

Que tal dar uma flor a alguém que admira, gosta ou ama, ainda hoje? Sim. Que tal? Sempre é hora de dar uma flor. Não existe uma ocasião "correta" para isso, e ela pode expressar seu sentimento de carinho. Surpreenda, dê uma flor e mostre às pessoas que elas são tão especiais para você como aquela flor especial que você entregou a elas.

24

De vez em quando, escreva num papel todas as suas amarguras. Faça depois uma pequena fogueira e deixe que o papel seja queimado por ela. Diga a você que ali estão sendo queimadas as emoções que afligem seu íntimo e que aquele fogo é purificador. A magia é queimar essas emoções negativas que empacam nosso desenvolvimento como seres humanos.

25

Hoje é o dia certo para telefonar a alguém com quem você não fala há muito tempo. Vamos lá! Essa pessoa vai adorar e, certamente, você estará caminhando na trilha da amizade que, quando não é pisada, cria pragas que cobrem o caminho. Tire as ervas daninhas de sua estrada da amizade.

26

Dê todos os dias um sinal de vida. Nem que seja de fumaça, de tambor, por *e-mail*, por bilhete, por carta. Deixe o mundo saber que você está por aí, que é uma pessoa cheia de vida, pronta para vencer e louca por novos desafios. A sorte bate à porta de quem coloca o número da casa.

27

Nunca perca sua garra, nunca... Jamais perca aquela garra de quando você se prometeu que seria um sucesso, lembra? Aquela garra de quando você era jovem e queria mudar tudo ao redor para que fosse do seu jeito... É, aquela garra que hoje talvez esteja adormecida. Não é tempo de deixar como está para ver como é que ficará, retome agora seu lugar no jogo da existência.

28

Planejar uma tacada amorosa ou profissional com classe é mostrar conhecimento e envolvimento com o assunto. Uma bela tacada sempre rende bons pontos. Se você não visualiza os resultados antes de promover a ação, ela pode sair errada e não chegar onde você esperava.

29

Fazer um bom gráfico de sua vida e acompanhar suas próprias estatísticas de existência podem lhe apontar as direções a seguir, os pontos a reforçar e, até mesmo, o que deve ser mudado. A maioria das pessoas acompanha tantos gráficos de dados todos os dias! É hora de iniciar e acompanhar o seu. Invista nisso! Só lhe trará benefícios.

30

Mantenha seu ritmo. Não perca a velocidade daquilo que você está fazendo. Se estiver amando com intensidade, continue. Se quiser se envolver num projeto que requeira seu empenho, não perca a velocidade. Quem mantém o ritmo chega mais longe. Cada um tem sua velocidade, mas todos podem chegar onde querem, quando sabem para onde vão.

31

O importante não é o tamanho da força que você dispensa em seus projetos. O que realmente importa é como e onde você a emprega. Quantas vezes nos esforçamos loucamente para conseguir algo e não dá certo? Aplicar muita força no alvo errado é desperdiçar tempo e sabedoria. Nem tudo precisa de muito esforço para ser vencido. A concentração da energia no lugar certo traz resultados mais rápidos.

32

Existem coisas que nunca devem ser esquecidas: aniversário de casamento, dia do aniversário da cara-metade, curtir os filhos, fazer o bem, cuidar da saúde, exercitar a fé, atuar com ética... Se você acha que faltou algo aqui, complete essa lista e faça seus próprios lembretes de tudo aquilo de que não deve esquecer. E cumpra!

33

Planeje todas as suas ações. Com planejamento sempre podemos obter melhores resultados. E com melhores resultados podemos partir para novas ações e continuar a crescer, espiritual e profissionalmente.

34

Sempre é tempo de dar um tempo. Pare um pouco, não se deixe consumir pelo tempo. Ele lhe foi dado para que você fosse uma pessoa feliz. Ao menor sinal de cansaço, físico ou emocional, pare e pense. Nossos pensamentos se refletem no que fazemos, de acordo com nossas reações. Pare para pensar. Utilize o tempo a seu favor.

35

Esteja de coração aberto e entusiasmado para receber novas oportunidades. Sentimentos positivos repelem os efeitos negativos que estragam sua alegria e seus desejos. Não desperdice uma vida de felicidade por um momento de infortúnio.

36

Pensar é nossa missão, por isso o cérebro é tão sofisticado. Pense mais nas coisas, na vida, na pessoa que ama; pense mais em você. Se você acha que é difícil, é porque já está pensando! Então, é isso aí! Pense mais devagar e reflita bem sobre as coisas que você merece.

37

Agora pode ser um momento importante para você se declarar. É isso mesmo, declarar-se! Declare-se a quem ama, a quem respeita ou até mesmo a alguém que deva perdoar. A declaração, vinda do fundo do seu coração, fará de você uma pessoa mais amena em relação à vida e aos outros.

38

Um presente faz com que você esteja sempre presente na vida de quem o recebe. O hábito de presentear vai deixando um pedacinho de você pelas vidas de quem recebe. Deixe-se levar pela emoção e pelo hábito de achar que aquela coisa, mesmo simples, tem o jeito de alguém, e presenteie. Fará bem a você e marcará o coração de quem o recebeu.

39

Se você faz do seu trabalho uma prisão, é melhor abandoná-lo. O seu trabalho deve ser um ato de prazer para você e, principalmente, para quem o recebe. As relações de trabalho mudaram. O melhor de você só poderá aparecer quando você fizer o que gosta e com prazer. Se for possível, procure trabalhar com o que gosta de fazer com prazer.

40

Descubra suas aptidões. O sucesso é uma combinação da aptidão praticada com a competência, que termina por transformar seu esforço em resultado positivo. Use suas aptidões para gerar algo bom e produtivo, transformando assim a sua competência em seu melhor patrimônio.

41

Quando nascemos, recebemos de Deus tela, tinta e pincel.
Logo depois, ouvimos um cochicho no ouvido:
"Quando terminar esse quadro, estarei esperando por você!"
Quando crescemos e aprendemos um pouco mais, ficamos em nossa zona de conforto, assumindo o destino disponível nas prateleiras do mundo.
Se você já sabe o que não quer da vida, então comece a pintar um quadro com aquilo que quer.
Crie nessa tela o emprego de seus sonhos, o amor de sua vida, as realizações que almeja...
Só podemos ser do tamanho daquilo que conseguimos vislumbrar.

42

Há momentos em que saímos de nós mesmos e nem nos reconhecemos. Nesses momentos, devemos respirar, contar até vinte e trazer de volta aquela pessoa que somos. Não podemos permitir que alguma outra coisa mantenha o poder sobre nosso compromisso com a vida e faça de nós aquilo que não somos. Pare de se lamentar e reclamar de seus desacertos, achando que foram tolices algumas atitudes que tomou em sua vida.
Quem hoje chora seus erros e tropeços vai chorar sempre.
As lágrimas nos envelhecem e a alegria nos rejuvenesce.
Mas, pensando bem e falando seriamente, você acha engraçadas as bobagens que fez no passado! Ou não acha?

43

Sua capacidade de rir de si mesmo vai transformá-lo numa pessoa melhor. Habitualmente estamos mais abertos para rir dos outros. Mas observe bem e verá que você tem mais motivos para rir de si e das suas bobagens que das alheias. Vamos lá! Você tem coragem! Ria agora da última bobagem que fez.

44

Se você desistir de seus sonhos, a única coisa que vai levar em seu coração é a dor de não ter tentado. Se, por outro lado, persistir, vai ter a esperança de um dia conseguir. Mostre sua força no presente e verá que isso lhe trará as realizações que espera do futuro.

45

O lazer é um bom companheiro. Você precisa disso! Você merece! Descanse à sombra de uma árvore. Jogue conversa fora. Leia um livro. Divirta-se com brincadeiras saudáveis. Pratique esportes. Isso também faz parte da vida, e você merece um tempo para relaxar.

46

Nem sempre somos compreendidos quando praticamos o bem, mas o bem não pode deixar de ser praticado; nem sempre somos amados quando exercitamos o amor, mas o amor não pode deixar de ser exercitado.

Nem sempre temos uma resposta imediata para nossos atos, mas estamos num universo de consequências, onde importa muito mais o que fazemos do que aquilo que nos fazem.

Nossa reação diante das adversidades é o que define a diferença e mede nosso preparo para vencer desafios. Algumas pessoas choram, outras vendem lenço. Acredite na ética de seu coração, ela fará de suas vitórias atos permanentes e duradouros na história de sua existência.

47

Espiritualidade é o centro de um universo de máxima compreensão dos nossos pecados capitais e dos nossos diabinhos interiores, e, ainda, de nossa verdadeira missão neste planeta: é um movimento universal pelo bem e pelo respeito ao próximo. A espiritualidade não está baseada em coisas como a religião, pois ela vive, a cada dia, o presente e mostra o futuro em favor do próximo.

48

O Sim de seu coração é maior que o Não do mundo. Os sinais de nosso interior são nossos verdadeiros condutores. Colocar em dúvida nossos sentimentos e nossas emoções nos afasta, cada vez mais, do ritmo de nosso compasso de realizações.

49

Todos os dias somos bombardeados por notícias desagradáveis que, muitas vezes, tiram nossa esperança de um mundo melhor. Porém, a cada notícia ruim que é anunciada, tenha certeza de que algo de bom está acontecendo em alguma parte: existe, neste momento, um médico salvando uma vida, alguém fazendo caridade, alguém orando... e esses fatos é que devem lhe dar a esperança de um mundo melhor.

50

Você é uma pessoa fantástica pelo simples fato de que alguém, onde quer que esteja, tem certeza disso, sente sua falta e é capaz de chorar por você. Damos muita importância àqueles que nos contrariam e não compartilham de nossas ideias e, muitas vezes, deixamos de dar atenção a quem realmente sente algo profundo por nós.

O garoto e sua estrela

O garoto estava sentado no colo de seu avô. Era noite e os dois olhavam para o céu, quando o garoto perguntou:

– Vovô, por que o céu tem tantas estrelas e de onde elas vêm?

O avô respondeu:

– Cada estrela no céu representa uma pessoa na Terra; toda vez que alguém nasce por aqui, uma estrela brilha por lá!

Curioso, o garoto disse:

– Quer dizer que todas as pessoas possuem lá no céu uma estrela que pode guiá-las aqui na Terra?

– Sim... – respondeu o avô.

– Vovô, como posso saber qual é a minha?

– Olhe para o céu, meu garoto, e sinta no fundo de sua alma qual estrela lhe parece tocar o coração. Esta é a sua estrela. A qual o guiará pelos caminhos da vida.

O garoto assim o fez e logo identificou uma estrela que lhe tocou no fundo da alma. Pulou de felicidade, dizendo:

– Agora tenho a minha estrela! Vovô, corro o risco de perder minha estrela ou de ela parar de brilhar para mim?

– Meu garoto, quando alguém nasce por aqui, uma estrela nasce lá em cima. E o mesmo brilho que é dado para a estrela também é dado à pessoa que a ela corresponde. Uma estrela nunca para de brilhar. Somos os seus senhores; na verdade, muitas vezes deixamos nosso brilho aqui na Terra se ofuscar e, assim, ofuscamos também nossa visão. Por isso, uma vez ou outra é comum procurarmos nossa estrela por lá e não a encontrarmos. Não que ela não esteja lá, mas, por não identificarmos nosso próprio brilho, não a enxergamos.

– Então, para que eu sempre veja a minha estrela brilhando no céu, preciso estar brilhando aqui embaixo? Mas como posso estar sempre brilhando? – perguntou o garoto.

– Uma maneira de sempre brilharmos é imitarmos as estrelas: basta aceitar o brilho e deixá-lo atuar sendo você mesmo, seguindo seu coração e sempre lembrando que a única pessoa que pode afastá-lo de sua luz própria é você! – disse o avô.

O garoto cresceu e nunca se esqueceu deste momento com seu avô. Quando o sábio ancião partiu, o garoto descobriu algo mais sobre as estrelas: descobriu que as pessoas se juntam à sua estrela quando partem desta vida, pois notou que a estrela de seu avô ficara muito mais brilhante depois daquela tarde na qual ele lhe dissera adeus, segurando sua mão em uma UTI de hospital. Descobriu que todos temos uma estrela no céu e uma no coração para nos lembrar de nossa ligação com o Universo e nossa missão principal: levarmos luz por onde passarmos.

O garoto cresceu e hoje conta essa mesma história a seus filhos Arthur, Breno e Ygor.

Quando estes lhe perguntaram se a estrela do vovô tinha nome, o garoto, agora adulto, pensou e respondeu:

– Sim, ela tem nome. Ela se chama Estrela Zico...

Nascemos, vivemos, crescemos e, diversas vezes, nos sentimos pequenos diante de tantos desafios que temos durante o caminho da vida. E são nesses momentos que temos de lembrar que, um dia, o Universo colocou uma luz em nosso interior: uma luz para nos indicar a direção.

Encontrar nossa estrela é isso: fazer nossa mente e nosso coração nunca se afastarem de nosso brilho natural, não permitir que as adversidades nos coloquem em posição inferior ao nosso real valor.

Tantas coisas consideradas contagiosas estão livres causando sofrimentos, mas existem outras que também são contagiosas e poderiam causar muita felicidade; por exemplo: o amor pode ser mais contagioso que o ódio, a alegria pode ser mais contagiosa que o sofrimento, a busca pelo bem pode ser mais contagiosa que a busca pelo mal...

Torço para que, na busca por sua estrela e sua valorização por existir, você seja uma pessoa contagiante, capaz de dirigir sua vida para muito mais perto de seus mais íntimos anseios, talvez seja esta nossa missão na existência.

51

Não espere um milagre num acontecimento sobrenatural. Milagres existem e acontecem muito mais no âmbito natural que no sobrenatural. Milagres acontecem a todos os minutos, o tempo todo; é necessário preparar nossos olhos para vê-los. Milagres são feitos por mães desamparadas que criam e educam seus filhos com dificuldade; milagres são feitos por pessoas que se amam; milagres são feitos por religiosos que dão força ao nome de Cristo; milagres são feitos por pessoas sonhadoras que acreditam na transformação através de boas realizações; milagres são feitos por milhares de voluntários dedicados a causas humanitárias. Os milagres não vêm do céu: florescem na terra entre você e o mundo.

52

Algo tão pequeno aconteceu por alguns instantes e o contrariou. Foi por apenas alguns instantes: a pessoa amada lhe disse algo sem pensar; o chefe lhe chamou a atenção; o vizinho parou o carro em frente ao seu portão; seu filho quebrou algo em casa; sua melhor roupa manchou; um parente resolveu dizer algo no almoço de domingo... Enfim, bastou um momento para estragar toda a sua semana. É necessário não inflar esses escorregões da convivência, não deixá-los se tornarem enzimas negativas que contaminam nossas melhores intenções e nossos melhores momentos.

53

Fazer o que todos fazem, mas de uma maneira que ninguém tenha feito ainda, é a missão das pessoas neste nosso universo. É assim que encontraremos a felicidade de ser competentes em nosso ato de existir e de gerar resultados promissores e positivos, direta ou indiretamente, ao espaço que ocupamos.

54

Ninguém sabe tudo a ponto de poder criticar; ninguém é tão perfeito a ponto de poder julgar algo ou alguém... A consciência de nossa não-perfeição fará a diferença, contanto que se esteja trilhando o caminho da perfeição.

55

Não seja aquela pessoa que sempre carrega um punhadinho de "kriptonita", querendo deixar os outros como você apenas para que se sinta em um ambiente "familiar".

56

Tudo era empolgante, mas o tempo passa e você já não demonstra mais aquele entusiasmo. Passou a achar que os outros é que vão fazê-lo feliz e que você não tem responsabilidade de fazer o mesmo. Ser feliz é colocar a nossa felicidade na pessoa que cativamos. Se não tivermos nada para colocar ou investir, o outro lado ficará como está. Aquilo que era perfeito vira a situação mais imperfeita já vista na face da Terra. Aquela sensação insuportável de que carregamos o fardo solitariamente bate ainda mais forte. A situação fica insustentável. Somos as pessoas mais infelizes do mundo porque ninguém nos ama... Essa carência de ser uma pessoa amada não nos permite amar.

57

As pessoas deveriam chamar para si mesmas todos os resultados de seus atos, e não apenas dividi-los entre outras pessoas achando que, assim, o fardo da responsabilidade se torna mais leve para quem o carrega.

Cada um é o puro resultado daquilo que pensa e faz. "Eles" e "nós" são os "sujeitos ocultos", nossos "amigos imaginários", aos quais recorremos quando nossa incapacidade de gerenciar conflitos e atitudes se faz presente.

58

Tenha coragem! Assuma seus erros, somente assim irá reconhecer que ainda está frágil para determinados procedimentos. Somente assim poderá analisar como mudar e melhorar a si próprio. Enquanto sua mente e sua boca socializarem a culpa, você deixará de ser uma pessoa a caminho do crescimento e estará, sim, a caminho do "enganamento".

59

Nunca diga: "Mas eu fiz isso por ele, por ela...". Ninguém faz nada por ninguém, apenas por si mesmo. Não cobre por suas boas atitudes: elas devem servir muito mais a você do que a quem as recebeu. Um mendigo pode se sentir feliz em receber uma esmola, mas você deve se sentir muito mais feliz em poder oferecê-la a ele.
Chega de "eles", "nós", "por eles" ou "para eles". Faça o que fizer, faça, em primeiro lugar, por você.

60

Muitas vezes somos convidados a tomar atitudes das quais não gostamos; mas acabamos agindo por pura pressão...
O que sabemos, ao certo, é que devemos agir, preferencialmente, por nossa própria vontade, e não acatando apenas as sugestões de terceiros.
Possuímos livre-arbítrio e raciocínio, o que nos diferencia dos animais irracionais.

61

Algumas histórias mostram que opinião própria e ação valem mais do que qualquer conselho de terceiros.

Joana d'Arc se preparava para atacar o inimigo quando um de seus generais perguntou:

– Como vai atacá-los?

Ela respondeu:

– Vou levar os homens para cima do muro!

O general, inconformado, disse:

– Nenhum homem a seguirá!

Ao que ela prontamente respondeu:

– Estarei agindo, e não virada para trás para olhar!

Ela havia assumido o compromisso de agir, e agir com coragem. O resultado dessa batalha foi uma vitória histórica. Coragem não é a falta de medo, é agir apesar do medo.

62

Há mais de 2 mil anos, na cidade de Antioquia, quando esta ainda estava sob o domínio de Roma, Ben-Hur, príncipe de Judá, foi condenado injustamente sob uma falsa acusação e obrigado a trabalhar como remador nas galeras (barcos de guerra romanos).

Após muitos anos remando, terminou por ficar com os braços extremamente fortes, o que o ajudou numa batalha e também quando sua galera afundou, pois conseguiu se salvar e também ao seu general. Graças a essa atitude, terminou por usar sua força para ser campeão de corrida de bigas em Roma e, em pouco tempo, retomava sua vida de liberdade junto à família.

Muitas vezes temos de fortalecer nossos braços em batalhas árduas para que, um dia, possamos usar a força adquirida com o sofrimento para impulsionar nossa liberdade de existência.

63

Certa vez, o rei Eduardo VII da Inglaterra perguntou ao general William Booth:
"Como você pode se entregar com tanta devoção a uma tarefa tão severa quanto montar seu próprio exército, uma ação frequentemente ingrata?"
A resposta do general Booth foi:
"Majestade, o importante é agir. A paixão de alguns homens é o ouro; a de outros homens, a fama; a minha paixão é a alma do ser humano!"
Dando continuidade às suas ações, o general Booth fundou seu exército, que hoje está espalhado pelo mundo e é conhecido como Exército da Salvação.
Agir faz com que as coisas aconteçam. Agir, independentemente do esforço: esse é o caminho da conquista.

64

Quem está no caminho do céu não dormirá no inferno; mas, para isso, tem de estar atento e nunca perder sua essência e caráter, aconteça o que acontecer.

65

Muitas vezes reclamamos que somos feridos por outras pessoas, e então sentimos a dor como se fosse um espinho entrando em nosso corpo, contracenando com nossas ideias, nossas emoções, nossa razão, nossos princípios, nosso orgulho, nossa vontade de ter certeza... Da mesma maneira que algumas pessoas nos ferem, também ferimos e nem nos damos conta de que outros podem estar sentindo por nós aquilo que sentimos por alguém um dia.

Temos de entender que somos vulneráveis, que podemos ser feridos e também ferir. O desafio está em saber conviver com nossas feridas e evitar provocá-las nas pessoas.

O ponto de equilíbrio da convivência está em reconhecer, aceitar e perdoar tanto aos outros como a nós mesmos.

66

O medo nada mais é do que uma emoção manifestada quando não possuímos o controle ou o conhecimento de alguma situação.

Não se deixe levar pelo medo, pois ele compromete sua fábrica de soluções, retarda seu raciocínio e o coloca numa posição defensiva, com uma atitude que classifico de "chinesiana".

A China passou por uma fase de tanto medo que construiu uma muralha que julgava intransponível e, realmente, estava certa. Mas, nos portões, havia guardas que podiam ser subornados com um mero par de sandálias.

E o medo de invasões terminou por deixá-la escondida e longe do mundo, atrás de seus próprios muros...

67

Ao longo de sua vida, certamente, você aprendeu a fazer algumas coisas importantes.
Tenho certeza de que as faz melhor do que muita gente por aí!
Mas, com o passar do tempo, elas vão ficando esquecidas num cantinho qualquer de sua estrada.
Essa é a principal razão pela qual, geralmente, as pessoas se esquecem daquilo que aprenderam.
A melhor maneira de manter vivo nosso próprio aprendizado, sem deixá-lo escondido nos cantos da vida, é praticar esse conhecimento, dividindo-o com as pessoas à sua volta, ensinando.
É ensinando que se aprende cada vez mais.

68

Você já percebeu que arruma tempo para fazer tanta coisa para um monte de gente e que, quando resolve fazer algo por você, está muito cansado ou sem tempo?
Tire um tempo para fazer algo para você, por você.
Não se iluda com o "jogo do contente". Aquele joguinho em que você diz que um dia fará tal coisa, talvez nas férias, talvez quando se aposente...
Já reparou que se o seu carro sofre um amassadinho você corre para o "martelinho de ouro", mas se sua visão parece prejudicada você enrola para ir ao oftalmologista?
Encontre um tempo para você hoje!
Você descobrirá que, arranjando esse tempo para si, irá se renovar constantemente, terá energia de sobra e paz suficiente, sem precisar para isso visitar o Nepal...

69

Existe muita gente no mundo que projeta uma vida tão ambiciosa que acaba morando no Monte Olimpo. Até Zeus parece morar no andar de baixo...
Acredito que temos de ser do tamanho de nossas possibilidades e que podemos fazê-las crescer, mesmo que pouco a pouco; assim, nós cresceremos com elas, construindo o que eu chamo de sonho, e não ambição.
Pratique pequenas boas atitudes, todos os dias, que possam produzir um resultado positivo na direção de seus grandes desejos.
As pessoas mais cultas do planeta tiveram de aprender primeiro o bê-a-bá para depois seguir adiante...
Grande parte das pessoas fracassa por se envolver em projetos baseados em suposições, sem nenhuma estrutura que os sustente quando surge o primeiro entrave.
É possível colocar seus sonhos e projetos nas nuvens, mas primeiro se deve construir cada degrau para chegar lá.

70

Em burro que carrega açúcar, até o rabo é doce. Em pessoas que fazem do sorriso uma constante, tudo é felicidade; em pessoas que praticam a união, sempre há uma esperança; em pessoas conciliadoras, a paz tem uma oportunidade.

71

Nem sempre aquilo que pode nos ser útil na vida pessoal ou profissional vem cortando os ventos num puro-sangue árabe.
Às vezes vem, devagarinho, galopando de forma trôpega num pangaré.
Conviver com os defeitos da sua cara-metade, afinal todos temos defeitos, mas que é cheia de amor, pode resultar num relacionamento honesto e carinhoso.
Todas as oportunidades são como pepitas de ouro; porém, para descobrir as melhores, é necessário que se tire a terra de cima delas para poder vê-las bem.

72

Muitas pessoas passam a vida executando tarefas, em sua profissão, que não são compatíveis com as aptidões que possuem.
Trabalham em diversos empregos; o tempo vai passando e, quando chega o momento certo de agir, dizem:
"Ah, se eu tivesse vinte anos com a experiência que tenho hoje!"
Não é necessário viver arriscando para descobrir sua missão de vida.
Está dentro de você, desde que você nasceu, mas você pode não ter tido oportunidade de vê-la.
Um teste de aptidão pode ser muito útil e poupar muito trabalho repetitivo e desgostoso para você.

73

Viver é, e sempre será, uma corrida, mesmo que você corte a fita de chegada.
Sempre haverá uma nova pista para correr!
É assim que se retrata o crescimento dos seres humanos, sempre correndo em busca de uma nova fita de chegada.
Os grandes guerreiros foram vencidos quando sentaram e encostaram suas espadas para festejar suas vitórias; por isso, nunca baixe a guarda de sua espada, deixe-a sempre erguida.
Nossas vitórias e descobertas são os alimentos de nossa peregrinação na arte de viver.

74

Muita gente pensa que explica algo e muita gente pensa que entende e, assim, o desacordo na comunicação resulta em complicação.
Pense antes de falar, e não fale sem pensar.
Procure criar conversas produtivas aos participantes.
Quando terminar uma conversa, deixe informações úteis para seu interlocutor.

75

Pessoas que não refletem sobre si mesmas não podem ter um encontro mais profundo com as reais estruturas que as equilibram como seres humanos.
Quando você não tiver sobre o que refletir na vida, tome cuidado! Pode ser que você esteja fazendo muito pouco com a própria vida.

76

Quantas atitudes, tomadas por impulso, afastam as pessoas de viver aquilo que realmente desejam ou destroem aquilo que muito lutaram para conquistar pelo simples fato de terem agido sem pensar?
Ao abrirmos nossa mente, recebemos alguns visitantes ilustres enquanto tomamos nossas decisões. Um deles é o nosso instinto, que está sempre a nosso favor, quando permitimos que esteja.
Use esse instinto, mas pense um pouquinho mais, só um pouquinho, e vai acertar de montão.

77

Você sabe que atinge seus limites quando:

– seu filho derruba macarrão na roupa de escola?
– seu marido deixa o jornal no chão da sala?
– sua mulher aperta o tubo da pasta de dentes bem no meio?

É assim que você atinge seus limites?
Quando nossos limites são postos em pauta é que podemos medir a intensidade e a maneira com que estamos nos comportando e as coisas que realmente valorizamos em nosso dia a dia.
Todos temos um limite em nossa conduta, mas ele deve estar ligado àquilo que tem profunda importância para nossa vida e nosso bem-estar.

78

Superar seus limites é pisar no degrau da escada da vida que ainda não existe, mas que passará a existir quando seu passo for inspirado pela fé.

Você pode e deve viver superando seus limites. É assim que o ser humano cresce, em todas as direções: servindo de inspiração e exemplo em sua existência.

79

Toda razão prevalece até que encontre uma razão maior. Já ficou para trás o tempo em que uma opinião devia ser mantida durante uma vida toda, mesmo que isso significasse a destruição de uma pessoa.

Muita gente jura amor para a vida toda. Só que, para manter esse juramento para o qual nem se está preparado, finge amar por toda a vida à custa de infelicidade no espaço de vida.

Muitas responsabilidades que assumimos em nossa vida tinham o tamanho de nosso bom senso, que talvez não fosse assim tão grande.

Hoje, muitas pessoas se escravizam por atitudes tomadas no dia de ontem e, para onde quer que caminhem, carregam esse pesado fardo.

80

Corte as amarras que o prendem à pessoa que você não quer ser.
Corte as amarras que o condicionam a tomar atitudes que você não quer tomar...
Seja uma pessoa aberta, aceite mudar, aceite novas ideias.
O mundo vem se transformando, você deve se transformar com ele. Vá atrás de sua felicidade.
Liberte suas mãos para que elas possam indicar novas direções em sua estrada.
Deixe de *estar* feliz para *ser* feliz!

81

Se em cada oportunidade para expor sua capacidade você se envergonha ou acaba podando essa capacidade por algum preconceito, seu futuro será, em vez de uma árvore frutífera e colorida, apenas um tronco oco.

Envelhecemos mais rapidamente quando reprimimos nossa vontade de declaração, o que nos torna submissos de alguma situação por não reconhecermos nosso próprio grau de importância dentro do contexto.

82

Você sabe do que gosta?
Você sabe com que roupa se sente melhor?
Você sabe o amor que seu coração quer?
Você sabe qual tipo de amigo lhe faz bem?
E por que, então, insiste em andar no rebanho e pensar como se estivesse em um rebanho?
Você tem um ângulo melhor, todos nós temos!
Imagine que vá tirar uma foto.
Você sabe se ficará melhor de perfil esquerdo, de frente ou de perfil direito. Esqueça seus defeitos.
Realce suas qualidades.

83

Sempre haverá um momento em que sua atuação sobre um fato não exercerá efeito sobre ele.
Reconheça e estabeleça o momento de parar e esperar.
É como cozinhar feijão: a panela tem de ficar fechada.
Se você abri-la a toda hora para ver como está, nada acontece.

84

Há o momento de seguir em frente, superar os obstáculos e continuar no seu caminho.
Acredite que sempre haverá um efeito, mesmo que ele não apareça no momento em que você estiver esperando.
Faça aquilo que tem de ser feito e aprenda a esperar o efeito, pois ele virá.

85

Você é o único elemento do Universo que foi "construído" geneticamente para ser motivado diariamente.
Você possui um cérebro com cem bilhões de neurônios, um trilhão de células gliais, cem trilhões de sinapses... Seu corpo que luta para se regenerar a cada ferimento... Você tem seis trilhões de células e, a cada seis semanas, renovamos todos os átomos de nosso corpo... Uma energia vinda do Universo que faz, através da respiração, com que sintamos a existência do Divino...
Você realmente acha que tudo isso acontece em seu corpo para que você fique aí lamentando-se? Sendo uma pessoa travada por cunhas ou inconformada com aquilo que o Universo lhe reservou? Faça uma manutenção diária nesse complexo sistema que compõe seu Dom de existir. Essa manutenção se chama motivação! Saia da zona neutra e entre na zona motivacional.

86

Dar um tempo a você é a forma de fazer uma análise detalhada de sua vida, trocando o papel de figurante, no qual muitas vezes você teve de optar entre a existência e a sobrevivência, para assumir o papel de astro principal de sua história.

Todos os grandes realizadores tiveram, em suas vidas, um momento *divisor de águas*.

Aqueles que não buscam o *próprio* momento ficam ultrapassados, estagnados, tratando o seu destino como uma mercadoria a mais disponível nas prateleiras do Universo, impregnados de poeira cósmica, deixando de construir seu futuro profissional e pessoal.

87

Não existe nada mais decadente que os fabricantes de notícias catastróficas, ou aqueles que se acham descendentes de Nostradamus, anunciando sempre o fim dos tempos.
Há pessoas que mudam seus hábitos, suas atitudes e até mesmo sua conduta inspiradora ao ouvir alguns argumentos dessa turma da fábrica do desespero.
Previna-se contra previsões.

88

Você é um verdadeiro instrumento da vida, pois, enquanto muitos buscam caminhos de peregrinação, caminhos de templos, você já encontrou o seu caminho dentro de si mesmo. O sagrado não se encontra no mundo para depois atuar em você. Ele está em você, e é através de você que ele atua no mundo.

Você já reconheceu o sopro de Deus em sua nuca. É isso mesmo... Sim, é em sua nuca que o sopro do Criador bate, não nos cantos do mundo, nas trilhas secretas, nos livros sagrados, nos rituais místicos...

Então! Vá em busca do sagrado, mas como alguém que já se encontrou. Com isso você melhorará o que já é bom em você, e não se transformará naquilo que nunca necessitou ser.

89

Felicidade é um estado de espírito positivo, "aquele" algo que nos proporciona euforia, alegria, motivação e prazer de viver.

Conseguir atingir esse estágio requer trabalho duro; sim, trabalho duro em você, somente em você.

Esse trabalho consiste em descobrir suas aptidões, aprender a desenvolver sua competência e transformar seu esforço em resultado positivo.

Podemos descrever como feliz aquela pessoa que trabalha naquilo que gosta e aprendeu a fazer bem-feito; aquele casal que se ama e está sempre namorando, mesmo quando enfrenta dificuldades no relacionamento.

É feliz, ainda, toda pessoa que se sente competente em sua existência como ser humano.

Coragem para reconhecer que a felicidade deve ser conquistada para ser vivida é algo muito difícil para a maioria das pessoas.

90

Hoje não basta apenas querer vencer: é necessário se preparar para vencer!
Atualmente, nada mais é revolucionário, tudo é evolucionário!
E, por causa disso, temos de passar a atuar de maneira produtiva, transformando esforços em resultados positivos.

91

Devemos substituir a previsão de risco pela administração de risco, ou seja, investir em algo de que não sabemos os resultados, mas de uma maneira planejada, controlando cada fase, procurando o máximo de informações sobre o processo em que atuamos.

92

Não é possível que com tanta informação disponível mergulhemos num mar escuro, pois sempre poderemos conseguir uma boa lanterna.

93

O que está atrás de você e o que está em sua frente ficam enfraquecidos quando comparados com o que existe dentro de você.
Santo Agostinho disse, no ano de 399: "O homem viaja centenas de milhas para contemplar a grandeza do oceano – ele olha admirado para o céu. Ele fica extasiado com os campos, montanhas e rios, e nem por um momento pensa em si mesmo como a maior criação de Deus".
Caso não se comece a valorizar os detalhes, daqui a algum tempo muita gente estará como milhões de japoneses e chineses, que trocam emoções e carinhos com o bichinho eletrônico Tama-goshi, que custa cinco dólares.

94

Determinação... Um grande detalhe. Um cavalo belga consegue carregar, sozinho, quatro toneladas. Se dois cavalos trabalharem juntos, conseguirão puxar nove toneladas. E, quando são adestrados, conseguem juntos puxar doze toneladas. A valorização de nossos companheiros é algo que devemos aprender a praticar.

95

Nossa mente é como um paraquedas, só funciona aberta.

O rei Xerxes, vendo-se diante de um braço de mar, queria atravessá-lo, fazendo uma ponte de barcos. Nesse momento, desabou uma enorme tempestade que destruiu os barcos. Xerxes ordenou aos escravos que dessem trezentas chibatadas no mar e ainda mandou matar aquele que havia supervisionado a operação. Não fazer tolices é um grande detalhe...

96

Imagine uma lagarta. Ela passa grande parte de sua vida no chão, vendo os belos pássaros voarem, indignada com seu destino e com sua forma.

Pensa: "Sou a mais desprezível das criaturas, feia, repulsiva, condenada a rastejar pela terra". Um dia, entretanto, a natureza lhe pede que faça um casulo.

A lagarta fica assustada, pois jamais fizera um casulo antes. Pensa que está construindo seu túmulo e se prepara para morrer.

Embora indignada com a vida que levou até então, reclama novamente com Deus, dizendo: "Quando finalmente me acostumei a rastejar, o Senhor me tira o pouco que tenho".

Indignada, tranca-se no casulo e aguarda por seu fim. Alguns dias depois, vê-se transformada numa linda borboleta. Pode agora passear pelos céus, ser admirada pelos homens e se surpreender com o sentido daquele detalhe de sua vida.

97

Reúna todos os detalhes que o trouxeram até o atual momento profissional ou pessoal. Veja onde falhou e onde acertou. Dê mais atenção aos detalhes. Talvez até pareça que você está construindo seu casulo; mas seja paciente: a grande transformação sempre está por vir.

98

Um instante de sorriso pode neutralizar uma semana inteira de tristeza. Um momento de descontração pode recuperar dias de tensão. Um momento em que você se sente com mais vida pode mudar em muito sua forma de agir e viver; mas, para isso, você tem de reconhecer esses momentos e praticá-los mais vezes.

99

Por que será que fazer tudo que gostamos e tudo aquilo que nos proporciona bem-estar acaba fazendo com que nos sintamos culpados?
Evitamos nos sentir vivos para não sentir culpa. Essa culpa afasta as pessoas de tudo aquilo que realmente poderia fazê-las felizes.
Esse é um tipo de escravidão mental, algo enxertado ao longo de nossa vida pelos contextos de uma sociedade ainda equivocada em relação ao "próprio" bem-estar.

100

Você é uma daquelas pessoas legais, que ajuda a todos, quer o bem de todos... Basta alguém lhe dizer que tem um problema e lá vai você em seu socorro... Se alguém lhe diz que precisa consertar o carro, você é capaz de "caçar" o melhor mecânico do mercado e indicá-lo... Está sempre de prontidão para ajudar... Porém, as coisas não andam bem para você... Puxa, mas você é tão legal com os outros! Você é o modelo de pessoa-páginas-amarelas, o muro de lamentação e orelhão daquelas pessoas que o cercam. Mude... mude agora... Muitas vezes, o ímpeto de ajudar constantemente os outros é uma forma de ocultar os próprios problemas ou até de fugir deles a todo instante. Quando "pingar" uma dose de ajuda em alguém, não se esqueça de "pingar" duas doses de ajuda em você. Ajudar faz com que nos sintamos vivos, úteis e socializados, mas cuidado para não deixar essa ajuda ser um agente de fuga; ajudar deve ser um sentimento vindo de seu coração, capaz de colaborar com seu crescimento como pessoa.

Bem perto deste livro está o maior espetáculo do planeta e da obra criadora: Você!

O jovem e o tempo que não volta

Um jovem de 20 anos sofre um acidente e fica durante um longo tempo dentro de um hospital. Quando se passa muito tempo dentro de um hospital, ali se fazem muitas amizades e se conhece muitos tipos de pessoas e suas vidas de uma maneira sem igual, pois, quando as pessoas estão fragilizadas, talvez seja o momento que mais sejam honestas consigo mesmo e com as outras pessoas.

Esse jovem recebia a visita de muitos pacientes, na maioria pessoas com mais idade, durante o dia todo. Todos vinham conversar, contar suas histórias, suas alegrias, suas tristezas, alguns por receberem apoio dos familiares diariamente e outros por terem sidos esquecidos naquele hospital.

O tempo parecia passar mais rápido, o jovem não podia se mover, tinha sofrido diversas fraturas em sua perna direita, não podia ir aos quartos vizinhos, apenas receber os vizinhos.

Alguns vizinhos de andar ou quarto vinham se despedir quando partiam, os que não vinham se despedir ele aprendeu que o leito ficou vazio e o céu ganhou mais um anjo.

Entre todos os assuntos que essas pessoas conversavam com o jovem, um em especial lhe chamava atenção. Era quando estas pessoas começavam a relatar todas as coisas que se arrependeram de não ter feito em suas vidas; os itens iam desde dizer umas boas verdades para determinados parentes e amigos até mesmo abraçar mais seus filhos...

Era interessante para aquele jovem saber que aquelas pessoas, muitas delas desfrutando de uma boa condição financeira, outras não, tinham em comum arrependimentos dos mais variados tipos. Pessoas que passavam horas explicando ao jovem as coisas que se arrependiam de não ter feito enquanto tinham boa saúde e até mesmo atenção maior da própria família. Uma parte triste da história é que o jovem também ouvia das pessoas que deixavam o leito vazio os mesmos arrependimentos e estas não tiveram chance de tornar real as coisas que gostariam de ter feito e não fizeram. Algumas, quando se despediam do jovem, diziam que agora a primeira coisa que iriam fazer era realizar as coisas que se arrependiam de não ter feito. Algumas pessoas, durante o longo tempo que o jovem ficou no hospital, voltavam a ser internadas e a primeira pergunta do jovem era: *E aí, fez as coisas que se arrependeu de não fazer neste tempo ?* A resposta era sempre a mesma: *Não consegui, muita coisa aconteceu e não consegui.* Para algumas pessoas havia tempo, mas não havia coragem; para outras pessoas daquele hospital havia coragem, mas não havia tempo e elas levavam consigo muitos arrependimentos por coisas que não conseguiram fazer em suas vidas. O jovem tinha curiosidade sobre as últimas palavras aos médicos e familiares das pessoas que deixavam os leitos vazios e durante seu tempo de hospital fez uma relação delas e sempre havia algo em comum: as pessoas sentiam por não terem sido tão amadas como desejavam e por não amarem o quanto deviam ter amado. O jovem percebeu que as pessoas nem em seus momentos mais difíceis assumem uma posição para realmente ser aquilo que está em seu coração e preferem ser infelizes a vivenciar sua própria verdade, levando consigo um sentimento de arrependimento que não pode ser reparado.

Se você se arrepende de algo, existe tempo de alinhar esta diferença interior que vai acompanhá-lo, faça isto o mais breve possível. Você merece ser feliz, não espere pela última oportunidade da vida para dizer a sua esposa que a ama, para abraçar seus filhos, para atuar na profissão que gosta, para perdoar alguém...

Quando finalmente deixei o Hospital São Cristóvão para os braços de meus pais, aprendi a não me arrepender de nada em minha vida, faço tudo que tenho de fazer com tudo que está ao meu alcance, sou fruto de minhas próprias decisões e escolhas, não posso mudar o meu passado, mas posso construir o meu futuro. O tempo não volta, aproveite toda vez que ele chegar.

101

Franqueza diária é um método importante para nos analisarmos e uma maneira corajosa de encarar a nós mesmos. Nessas horas é bom avaliar se realmente estamos agindo como gostaríamos, se realmente estamos sentindo aquilo que gostaríamos de sentir, tentando encontrar, assim, a nossa verdade dentro de nosso íntimo. Essa reflexão sobre ações aparentemente incompatíveis com nossos desejos vai doer bastante, mas pode curar muitos de nossos conflitos interiores.

102

A vida é uma história que nós mesmos contamos com nosso jeito ingênuo, nossa astúcia na incerteza, nossa esperança de felicidade, nossa tristeza por carências escondidas, nossa felicidade passageira pela alegria que não vem ou pelos sonhos que queremos realizar. O jeito como levamos nossa vida é a maneira que iremos vivê-la. A vida somente termina para quem não sabe recomeçar.

103

O poder sempre foi compatível com as conquistas dos objetivos, com a condição de se estar, de alguma forma, acima de outras pessoas. Mas o verdadeiro poder está naquelas pessoas que desenvolvem seu intelecto e produzem feitos duradouros com ações que irão trazer benefícios éticos ao seu redor.

104

Assumir riscos pode causar temor, mas é a única forma de se aventurar no desconhecido e fazer dele um desafio promissor. E se você olhar no fundo de seu coração verá quantos riscos inconscientes já correu sem nem mesmo notar. O desconhecido é nosso destino; é onde aprendemos e formamos nossa referência existencial.

105

Decepções acontecem e, provavelmente, já devem ter causado muitas mágoas em você. Devemos lembrar que nem sempre as outras pessoas são aquilo que desejamos que elas sejam ou que nem sempre agem como gostaríamos que agissem. Nossa expectativa com relação aos comportamentos alheios quase sempre nos frustrará. Decepção é uma das dores que devemos aprender a escrever na areia.

106

O regente de uma orquestra não emite nenhum som, mas harmoniza todos eles, por mais diferentes que sejam os instrumentos e as pessoas que os tocam. O silêncio pode ser um ato de extrema inteligência e sabedoria se for seguido por gestos sinceros e capazes de expressar nossos verdadeiros sentimentos.

107

O brilho em nossos olhos pode transformar o coração das pessoas que nos cercam. A única maneira de isso acontecer é amando aquilo que fazemos, colocando nossas verdadeiras emoções em nossos atos, tendo sempre uma palavra sincera e atitudes que sirvam de exemplos de vida.

108

A possibilidade é uma das estradas de nosso destino; dar uma chance ao destino é tornar o nada em alguma coisa.

109

Os hábitos nos moldam e nos comprometem. Repensar tudo aquilo que fazemos mecanicamente pode nos dar uma noção melhor do caminho que devemos seguir para chegarmos onde queremos. Os hábitos nos modelam, mas também podemos formatá-los de uma maneira construtiva, sentindo prazer e satisfação nos pequenos detalhes de nossa vida.

110

Calar a voz da dúvida e substituí-la pela reflexão pode tirar você da paralisia diante daquilo que realmente almeja para se tornar uma pessoa feliz.

111

Socializar o elogio e individualizar a crítica tornarão as pessoas mais comprometidas com seus sentimentos e emoções, além de motivá-las em uma reforma interior.

112

Competitividade no âmbito sentimental e amoroso cria animosidade. Quem ama não compete, divide.

113

Transforme seus sonhos em uma causa a ser atingida; assim, eles irão correr por suas veias, dar força a suas palavras e despertar em seus olhos a luz necessária para iluminar suas decisões e escolhas.

114

Ética é o compromisso de vida com aquilo em que você acredita. Nossas crenças são nosso senso ético.

115

Encontre sempre inspiração nos bons exemplos: em pessoas que venceram desafios, que lutaram por aquilo em que acreditaram, que são felizes por compartilharem a amizade e o amor e por exercitarem sua fé.

116

Saber a causa de nossos conflitos é atuar no ponto crucial da origem de nossos problemas e caminhar para uma solução definitiva.

117

Afrouxe um pouco a armadura para sentir a brisa que circula ao seu redor. Não deixe de se apaixonar porque um dia você sofreu com um relacionamento que não durou. Não se prive das alegrias que só o amor pode proporcionar.

118

Quando as dúvidas rondam nossa mente, não é hora de decidir nada. Decidir em meio às dúvidas pode gerar uma escolha errônea. Tente esquecer os problemas ao adormecer e procure uma solução para eles quando acordar. Aí, então, faça o que tem de ser feito.

119

Seu campo de expansão é infinitamente maior que o limite de sua visão. Seu campo de ação é do tamanho de seus desejos. A força de seu entusiasmo é o destino que seu coração tem como meta.

120

Você não expande sua crença religiosa tentando convencer outras pessoas a adotá-la. Isso acontece naturalmente quando você a vivencia em todos os atos do dia-a-dia, tornando-se, assim, um exemplo a ser seguido.

121

Apesar da velocidade da vida que levamos hoje, devemos saber que algumas coisas ainda precisam caminhar mais lentamente. Nada de pai e mãe que saem de casa sem sequer dar um beijo de despedida nos filhos. Nada de beijinhos que não permitam que lábios apaixonados se toquem. Nada de noite romântica sem um preâmbulo cheio de amor e carinho. Valorize cada segundo de sua vida.

122

É interessante observar quanta adversidade alguém pode suportar em sua vida. Muitas vezes nos sentimos desconfortáveis pelo fato de não termos entendido que as adversidades são nossos melhores professores. Elas são capazes de despertar nossos mais refinados instintos ou nossas piores tendências. Conviver sabiamente com elas é um ato de inteligência; desprezá-las é adiar um encontro que inevitavelmente irá acontecer.

123

Ao nos tornarmos pessoas lentas e burocráticas, nos transformamos em presas fáceis do fracasso.

124

A estabilidade pode ser conseguida com nossa fidelidade às coisas simples da vida, especialmente àquelas que muitas vezes não consideramos em certos momentos de nosso percurso.

125

Quando se inicia uma conversa criticando alguém, é muito fácil e rápido encontrar outras pessoas para também criticar a pessoa em questão. Porém, como é difícil surgir alguém na roda que tente mostrar o lado da pessoa criticada ou fazer uma barreira contra tanta energia negativa!

126

A legião do mal encontra espaço onde a legião do bem passa muito depressa e não encontra tempo para implantar a luz.

127

O grande risco de nossos desejos talvez não esteja em querermos muitas coisas da vida, mas sim em nos acomodarmos muito rápido com poucas coisas.

128

Nem sempre carregar alguém nas costas é tão ruim quanto parece. Quando fazemos esse esforço, o verdadeiro aprendizado é nosso, pois são nossos músculos que se fortalecem e nos permitem ir muito além depois. Enquanto isso, quem é carregado nem sempre irá encontrar alguém com tal disposição e, por esse motivo, será quase impossível ir longe.

129

Falar com Deus é simples; contudo, ser uma pessoa atendida por Deus não é tão simples assim. Não mostre o tamanho de seus problemas a Deus; mostre o tamanho de Deus aos seus problemas.

130

Na voz das crianças pode estar a resposta que tanto almejamos em nossa busca. Elas são o canal livre da manifestação da divindade na terra. Converse mais com seus filhos em vez de cobrá-los. Faça perguntas a eles e surpreenda-se com as coisas que ouvirá.

131

Sabemos na ponta da língua tudo o que queremos da vida e das pessoas com as quais nos relacionamos. Porém nunca nos perguntamos como devemos proceder para ter o que queremos.

132

Hoje, só o amor não basta. É difícil manter um relacionamento só com amor. A ferrugem da convivência e as exigências da vida não garantem que duas pessoas permaneçam juntas. Atualmente, é fundamental desenvolver algumas competências para conservar o amor, e estas, quando conseguidas, cabem em um abraço ou simplesmente em um sorriso.

133

Fazemos nosso tempo e construímos e alimentamos nossas dores. Como é simples esquecermos as coisas boas e, muitas vezes, resumirmos tudo em um "foi legal", contando a pouquíssimas pessoas. Como é difícil esquecer as coisas ruins e não fazermos disso uma notícia diária e permanente. Damos mais valor às pessoas que não foram à nossa festa do que àquelas que lá estavam; damos mais importância a quem nos magoou do que a quem nos alegrou. Reveja seu índice de valorização das emoções e das pessoas, dedicando-se mais a quem se dedica a você.

134

Que pena que ainda tem muita gente que espera ficar doente para resolver que irá mudar, que será outra pessoa, que dará mais valor à vida e às pessoas ao redor... Essas são ações que devem ser praticadas em todos os momentos de nossas vidas.

135

Está aí no canto da dor? Por quê? Já foi! Não dá para mudar o passado, mas o futuro pode ser ajustado de uma maneira melhor, muito melhor.

136

Quando prometemos aquilo que não possuímos, provocamos nossa infelicidade e a infelicidade a quem fizemos tais promessas. Quando prometemos amor, devemos realmente tê-lo em nosso coração; quando prometemos amizade, devemos senti-la de fato; enfim, quando prometemos algo, se não o tivermos, teremos de dar um jeito de conseguir.

137

Nem príncipe, nem princesa: apenas duas pessoas atraídas pelo desejo do coração em busca do caminho do amor. Elas devem aprender a engolir muito desaforo e a "mascar muito couro de jacaré", buscando momentos de felicidade que sejam lembrados nas horas de dificuldades como uma luz de esperança.

138

Lembra-se do primeiro dia em seu primeiro emprego? Lembra-se do dia em que encontrou sua cara-metade? Você se produziu, ensaiou algumas palavras, queria encantar, mostrar sua sabedoria, sua alegria... Mas o tempo foi passando e tudo isso ficou no passado. Nada disso! Aquele entusiasmo ainda está em você. Aquela vontade ainda está pronta para ser usada em seu benefício, Quando estiver no trabalho, pense como se fosse o dia em que o iniciou; quando estiver com sua cara-metade, pense no dia em que se conheceram. Não deixe que a chama do entusiasmo se apague por falta de lenha.

139

Se estivéssemos sempre pensando em tudo que fizemos para ser felizes com a pessoa que amamos, se lembrássemos das diferenças que tivemos de vencer, das dificuldades que tivemos de superar, certamente não nos deixaríamos levar pelo péssimo hábito de viver sem ternura, permitindo que desventuras apaguem de nossa mente e de nosso coração cada situação que construímos para ser plenamente felizes em nosso relacionamento.

140

Somos elaborados pelo Universo com uma porção de emoções que devem ser vivenciadas como se estivéssemos alimentando nossa alma. Retrair ou ocultar emoções pode causar algumas lesões em nossa maneira de enxergar a vida e as pessoas, e nem sempre óculos poderão nos fazer ver a realidade de todas as cores.

141

Nossa aflição por soluções para os problemas, nossa preocupação por algo de que não temos o controle, tudo isso inibe nosso raciocínio em torno de uma solução adequada. Não decida com aflição, deixe que ela passe para, então, pensar melhor no que você irá fazer.

142

Nem sempre temos tudo que desejamos para realizar nossos sonhos, nem sempre as ferramentas estão próximas quando precisamos delas, nem sempre os amigos estão ao redor quando precisamos deles. Mas sua voz interior nunca o abandona, sua voz interior nunca o irá desamparar. A vida nos dá vários caminhos, e a escolha que fazemos sela o nosso destino.

143

Nada é como antes! O que passou, passou. Agora, porém, é o momento de aperfeiçoar suas experiências e de se preparar para o novo, esquecendo as velhas lembranças. Deixamos nosso passado para trás somente quando vislumbramos um futuro promissor, com muitas perspectivas e possibilidades de realizações.

144

Talvez alguns dos caminhos por que optamos em nossas vidas não tenham nos conduzido a lugares compatíveis com nossa expectativa. E daí? A verdadeira experiência não está na paisagem do caminho, mas naquilo que nosso coração identificou durante a caminhada. Entre decepções, novidades e surpresas vamos formando nossa identidade, vendo e fazendo as coisas acontecer.

145

Quais são as vontades que ainda existem em você? Que tal começar a pensar mais nelas para encontrar uma forma de satisfazê-las? Que tal pensar no bem real que elas podem lhe trazer? Nem sempre nossa vontade é de fato algo que irá nos causar alguma transformação ou satisfação. Muitas pessoas se enchem de vontades e se frustram com elas sem sequer notar que a maioria delas lhes traria muito menos do que aquilo que elas já possuem.

146

O verdadeiro valor de algo que fazemos está naquilo que provocamos nas pessoas.

147

Ei, está preocupado com o que as pessoas pensam a seu respeito? Lembre-se de que muitas delas não têm um conceito adequado nem sobre si mesmas.

148

Guardar rancor causa uma dor profunda que endurece nossa alma e nosso coração. Devemos ter em mente que alma e coração são dois elementos que devem seguir livres, como foram concebidos, pois só com a total manifestação deles encontramos nossa verdadeira identidade.

149

Soluções nem sempre se encontram em uma boa resposta, podendo estar, em alguns casos, em uma ótima pergunta. Muitas vezes, quando temos todas as respostas, o Universo muda as perguntas. Elaborar boas perguntas é estar sempre perto de uma solução.

150

Amar não é algo que vem com receita ou bula, tampouco com manual de instruções. É algo complicado, sem muita lógica, que não pede licença para entrar, não pede permissão para sair e deixa uma dor danada em algumas situações, mas uma dor, às vezes, tão gostosa que desejamos voltar a sentir. Ame e deixe seu amor espalhar-se por todos os cantos, sem procurar raciocinar muito sobre isso.

Brida e o menino

Brida era uma cachorra de raça *rottweiler*, fazia parte de uma família desde seu nascimento, trouxe muitas alegrias para as pessoas dessa família.

Uma cachorra alegre, companheira e guardiã. Mas o tempo passa até para os animais mais sensíveis e amáveis, e não foi diferente com Brida.

Depois de muitos anos de alegre convivência com essa família, Brida foi condenada por veterinários em seus diagnósticos, seus dias de vida com alegria e companheirismo tinham chegado ao fim.

Uma dor imensurável para as pessoas dessa família, que tinham nesse animal um ser especial que não somente recebia carinho, como retribuía esse carinho. Mas o menino caçula da família de três anos iria sentir mais que todos, pois era ele quem tinha um relacionamento mais profundo com Brida.

Diante da doença diagnosticada, a única coisa sensata a fazer era sacrificar Brida, ela não suportaria as dores por mais alguns dias e, segundo os veterinários, já estava sofrendo muito e o quadro era irreversível.

Na manhã da decisão, a família conversava sobre a melhor maneira de contar ao menino que sua melhor amiga tinha de partir para não mais voltar; o que eles não sabiam é que o menino, sem que ninguém pudesse perceber, estava ouvindo a conversa.

Ao chegarem numa maneira menos dolorosa para dar a notícia ao menino, ninguém o encontrava na casa, todos o procuravam em todo canto, mas ninguém o encontrava...

O irmão do menino que tinha oito anos resolveu olhar dentro da casinha de Brida, e lá estava o menino de três anos deitado e abraçado com sua cachorra.

Um drama tinha início ali, pois Brida, devido à doença, tinha se tornado muito agressiva e nenhum membro da família podia mais se aproximar como nos velhos tempos; ela rosnava pra valer, os veterinários explicavam que era devido às terríveis dores, já não contidas nem pelos fortes medicamentos. A docilidade costumeira de Brida já não existia mais. Era praticamente impossível chegar perto dela.

Quando o pai tentou retirar seu filho da casinha de Brida, ela teve uma reação agressiva, mas o menino continuava deitado sob a cachorra como se ambos fossem únicos e com o menino ela apenas transparecia carinho.

Enquanto os pais, preocupados em como retirar o menino da casinha, decidem chamar um veterinário para fazer uso de tranquilizantes, o menino dá um forte abraço em Brida, um beijo e diz: *Minha amiga Brida, você vai ficar bem, você é minha amiga...* e como se nada estivesse acontecendo vai para os braços dos pais saindo da casinha, sob o olhar atento de Brida.

Durante os três dias seguintes, por muitas horas o menino passou seu tempo dentro da casinha de Brida; ela parecia chamá-lo e tinha por ele o mesmo carinho de quando estava com boa saúde. No princípio, os pais relutavam em permitir, mas a indignação do menino era tão grande e comovente que os pais permitiam e acompanhavam tudo de perto.

No quarto dia, uma cena surpreende toda a família, o menino entra na sala sentado em Brida como se ela fosse um cavalo, e ela estava feliz, com os olhos brilhando, seu latido era familiar e o mesmo carinho de outrora. Parecia que nada tinha ocorrido com Brida, ali estava uma cachorra condenada à morte mostrando que ainda tinha muita vida.

Evidente que o fato foi um espanto para todos e logo os mesmos veterinários foram consultados. Eles não sabiam explicar o que acontecera, só afirmavam que a cachorra estava agora curada e não seria necessário sacrificá-la.

Um dos veterinários, quando soube de todo o ocorrido emocionou-se demais e disse: "*Eu sempre acreditei que o amor pode curar*".

Embora não soubessem como explicar, eles tinham de admitir: Brida estava curada.

Brida viveu com o menino e essa família por mais um ano e meio. A família sabia que a força do amor de um menino por um animal tinha feito ali muita diferença e prolongou o tempo de felicidade de ambos.

Numa manhã, o menino diz aos pais que Brida no dia seguinte daria cria a 11 filhotes e logo depois iria se despedir.

Brida fez exatamente o que o menino havia dito no dia anterior: deixou 11 filhotes e partiu de maneira tranquila.

O menino não chorou, apenas sorriu, segurou um dos filhotes nos braços, chamou de Nira e disse que Brida era a Nira que nasceu outra vez para ficar muito mais tempo com ele.

Nira ainda está em minha família e o menino de nome Arthur cresce com ela.

151

A ciência ainda vai provar a existência de Deus – e não estamos longe disso. Talvez seja este o momento tão anunciado pelos profetas: o instante da fé sem contestação.

152

Perder... depende de como fomos preparados para encarar tudo ao nosso redor. Talvez tenhamos nos colocado em uma posição de disputa, na qual há apenas dois lados: o que perde e o que ganha. Perder nem sempre é estar em desvantagem. Existem muitas coisas em nossas vidas das quais devemos abrir mão, deixando que o destino as leve, e isso não é perder. Deixar de lado coisas que não são para nós é permitir que novas oportunidades voltem a nos rondar.

153

Há gente que não come melancia por causa da dificuldade de carregá-la e pelo trabalho em separar as sementes. E assim deixam de saborear algo de que gostam por causa das dificuldades que encontram. O japonês, em vez de deixar de comer melancia por causa desses inconvenientes, criou a melancia quadrada: fácil de ser carregada, fácil de ser guardada e nem sequer tem caroço! Nossa vontade de fazer algo deve ser sempre maior que nossa habilidade em criar obstáculos que nos afastem de tudo aquilo que apreciamos.

154

Sentir saudade do que tínhamos e negligenciar o que possuímos no momento nos coloca em uma gangorra que não sai do lugar: ela vai e vém, dando-nos a sensação de um falso passeio. Será que nosso coração realmente deseja ficar nesse vaivém do passado?

155

Infelizmente, nem todas as pessoas que nos pedem ajuda nos faróis agem de boa-fé – na verdade necessitam de ajuda –, e muitas vezes somos enganados. Isso já aconteceu comigo. Ajudei um pedinte e amigos me disseram: "Viu? Ele era apenas mais um safado enganando pessoas e você caiu na dele!". Tudo bem... Caí na dele, mas não caí na minha. Quando se ajuda alguém, mais do que fazer algo para essa pessoa, exercita-se a própria capacidade de praticar uma boa ação. É difícil melhorar algumas pessoas, contudo é possível melhorar-nos, todos os dias, com pequenos atos de caridade.

156

O grau de compromisso que você possui com seu amor determinará que tipo de romance você viverá. O grau de compromisso que você tem com seu trabalho determinará que tipo de profissional você será. O grau de compromisso que você tem consigo mesmo determinará o tipo de vida você levará.

157

Alguns políticos fazem todo tipo de promessa em uma campanha, se elegem e, depois, as sepultam; muitos casais lutam para construir uma vida em harmonia e, quando a conseguem, acabam destruindo tudo por causa da rotina; algumas crianças costumam chorar, se jogar no chão em *shopping centers* para conseguir um brinquedo novo e, quando o conseguem, ao chegarem em casa colocam-no na pilha de brinquedos, esquecendo-o. Depois de conseguir algo é que realmente devemos prestar atenção a um importante ensinamento da vida, pois é nesse momento que nosso esforço tem de ser triplicado para mantermos o sabor inicial da conquista.

158

Não importa qual é sua atividade, não importa sua condição econômica. O que importa é que você tenha orgulho daquilo que faz, determinação e fé naquilo que faz, sempre desenvolvendo maneiras eficazes de atuar. Quando temos orgulho do que somos e do que fazemos, aumentamos nossa chance de sermos ótimos profissionais e, de alguma maneira, chegar ao topo.

159

Devemos realmente participar da vida familiar plenamente, ou seja, devemos ouvir opiniões, trocar olhares atenciosos, estar atentos aos gestos, trocar confidências e nunca, mas nunca mesmo, deixar de trocar um gesto de carinho.

160

É evidente que, muitas vezes, encontraremos pontos de vista diferentes e nem por isso devemos evitar as pessoas cujas opiniões divergem das nossas. Existem muitos outros atributos que podem nos aproximar uns dos outros. Sua razão foi elaborada dentro de seu padrão de comportamento, assim como a razão da outra pessoa foi elaborada dentro do padrão de comportamento dela. Nem sempre acontece uma identificação imediata. Eis aí uma oportunidade de nos abrirmos a novas ideias e a novos pontos de vista.

161

Não cobre dos outros ou da vida as coisas que você deveria tentar conseguir por meio de seus próprios talentos, esforços e compromisso com sua existência.

162

Deixe a vida fluir naturalmente em seu curso e aproveite sabiamente o fluxo dessa energia vital para atingir seus objetivos. Não gaste uma energia preciosa tentando nadar contra a correnteza.

163

Durante nossa jornada vamos deixando de tomar algumas atitudes que erroneamente não julgamos importantes em nossas vidas. Lembre-se, porém, de que nunca é tarde para fazermos aquelas coisas que, por algum motivo, deixamos para trás.

164

Nossa reação em momentos difíceis determina o grau de nossa espiritualidade.

165

Quem espera pelo sapatinho de Cinderela pode acordar com um sapo colocando-lhe um tênis barato. Deixar de investir em ações que nos levam rumo a nossos anseios nos deixa à mercê de tempestades, cujos ventos podem soprar em uma direção contrária aos nossos sonhos, conduzindo-nos, muitas vezes, a lugar nenhum.

166

Quando os resultados não acontecem, a mudança prevalece. Movimentos tomam forma por meio daquilo que poderia trazer benefícios. Sem resultados promissores, a mudança impõe novos caminhos, nem sempre benéficos.

167

Se você ficar parado esperando algo formidável acontecer em sua vida, o tempo vai passar e você ficará a ver navios. A vida é curta. Aproveite-a!

168

A busca incessante de lucro no campo empresarial, e até mesmo no emocional, vem provocando em toda a humanidade cicatrizes profundas. É possível que o preço desse lucro seja tão alto que, lá na frente, o prejuízo seja irreparável.

169

Desperdiçar emoções com quem nem sequer sabe o que é se emocionar, desperdiçar amor com quem nem sabe o que é amar ou desperdiçar tempo com quem só quer te sugar é tolice. Reaja! Aprenda a investir em quem se emociona, em quem você ama e em quem lhe quer bem.

170

Nossa vida não pode cheirar a naftalina. Nossas criações devem gerar movimento em nosso caminho, como o movimento das ondas do mar, pois em água parada forma-se lodo.

171

Todas as pessoas gostam de ser reconhecidas no meio em que vivem, de acordo com o papel que cada uma desempenha: uma mãe gosta de ser reconhecida como tal; um pai, como tal; um empresário, como tal; um amigo, como tal... Uma das melhores maneiras de melhorarmos nossos relacionamentos é expressando, de alguma forma, o reconhecimento conquistado pelas pessoas em sua posição de existência.

172

Assistia com minha família à peça *O Mágico de Oz* e, em determinado momento, quando o Homem de Lata entrou em cena e começou a contar que queria um coração, meu filho Breno, então com seis anos, me perguntou:

– Papai, uma pessoa pode viver sem um coração como o Homem de Lata?

– Não, meu filho – respondi. – O coração é nosso órgão primordial; além de bombear a vida por nosso corpo, é nele que guardamos nosso amor.

– Mas, papai, o Homem de Lata não tem coração, mas parece gostar muito da Dorothy. Por que, então, tem tanta gente que tem coração mas não parece que tem amor pra dar?

As crianças, com suas perguntas, costumam nos mostrar um mundo simples e puro, muitas vezes nos despertando sobre nossa própria maneira de encarar a vida.

173

Nosso cérebro possui capacidade para mudar nossa vida, e isso podemos observar, na prática, todos os dias. Temos de mostrar frequentemente a ele as coisas que nos ajudam a sobreviver, como, por exemplo, as emoções positivas.

174

Alguns pensam que deveriam contratar um psicólogo para hipnotizar as pessoas com quem se relacionam, para que elas tenham o comportamento desejado. Outros pensam que todas as pessoas com quem se relacionam precisam concordar com eles, custe o que custar. Contudo, devemos lembrar que o ser humano só muda pela própria consciência ou pelas próprias reflexões.

175

Encontre tempo para fazer as coisas certas ou terá de encontrar muito mais tempo para reparar as coisas erradas.

176

Se você conhece a posição de um átomo, saberá também a posição do outro. Superstições não deixam que as coisas aconteçam. Maximize o ambiente em que você atua e descobrirá muita energia e informação.

177

Somos levados a acreditar em mentiras quando vemos com os olhos e não através deles.

178

Nossa capacidade de observar algo sem reação determina o nível de nossa alma. O diálogo interno é o grande tagarela de nossas vidas – essa infinidade de questionamentos que fazemos a nós mesmos antes de as coisas acontecerem.

179

Existe uma teoria que diz que, quando o bebê chora, o peito da mãe produz leite onde quer que ela esteja. Assim também é nossa vida. Quando nosso instinto sopra na direção de nossos sonhos, nosso meio atuante se prepara para nos receber.

180

Vivemos em um mercado não mais de concorrência moderada, mas sim intensa. Um mercado impaciente e imediatista, onde uma boa ideia, um produto ou mesmo um serviço que demonstre chance de ser um sucesso ganha concorrentes em um curto espaço de tempo. E nesse breve espaço de tempo acontece a chance que temos para viabilizar nossa estratégia.

181

Se você quiser crescer, não encolha; se você quiser amar, não odeie.

182

Temos de ser inteligentes em grupo: a harmonia surge da diversidade. Nossas aspirações devem fazer com que vivamos aquilo que realmente é importante. Nossos modelos mentais sempre são diferentes, nossa conversação real é a forma de vermos o mundo.

183

Um grande problema do relacionamento humano é que, quando alguém está falando conosco, é comum não estarmos ouvindo o outro, mas sim nossos próprios pensamentos.

184

É muito fácil falar. Levar uma vida condizente com aquilo que pregamos às vezes não é tão fácil assim. Viver de acordo com o que se fala é, na verdade, um grande desafio. Devemos ter em mente que nosso compromisso nunca se resume nas palavras, mas sim nas ações.

185

Lutar contra a correnteza é desgastante. Fazer as adversidades virarem a nosso favor pode ser muito mais interessante, produtivo e construtivo para todos.

186

Falar em desafios motivadores é instigante. Sempre analise que emoção um desafio provoca em você. É ela que define a intensidade motivacional.

187

Viver uma vida gerenciada pelo medo é como viver uma "síndrome da roda quadrada". Nosso medo é provocado pela falta de conhecimento ou informações sobre onde devemos atuar. Quando se sabe exatamente quanto os novos desafios podem mudar nossa vida, o medo dá lugar ao entusiasmo.

188

A natureza não desperdiça nada. Acredito que esta seja sua grande característica. No entanto, somos hábeis em tornar o desperdício uma parte de nossa existência. Tem gente que desperdiça tempo alimentando sentimentos negativos, que desperdiça tempo brigando, que desperdiça tempo sofrendo...

189

Os erros costumam trazer boas histórias. Tão boas como as histórias de sucesso ou, às vezes, até melhores que estas. O problema é que isso é um aprendizado bastante doloroso.

190

A maneira como se vive impulsiona as pessoas a novos aprendizados, fazendo surgir a necessidade de se esquecer as velhas coisas (velhas teorias, dogmas, julgamentos...). Mas isso nem sempre é simples. Uma vez que nos acostumamos com aquilo que nos é familiar e não nos compromete a ponto de termos de nos arriscar, é bem melhor e mais fácil continuar agindo e vivendo seguindo nossas velhas "tralhas mentais". Aprenda coisas novas todos os dias e liberte-se dos grilhões do passado.

191

"Aqui se faz, aqui se paga..." Será mesmo? A grande vontade de ver vingada uma atitude que julgamos improcedente com nossos conceitos de vida anda criando muitos "justiceiros" por aí. A justiça é feita em nossos corações e em nossos atos, de acordo com o direito que damos aos outros de nos magoarem. Refletir durante a avaliação dos atos alheios pode nos ajudar a entender melhor o ser humano.

192

Se você não colocar regras em sua vida, a vida vai colocar regras em você. Por isso tenha cuidado, pois as regras da vida nos escravizam e nos fazem perder o gosto por ela.

193

Todas as religiões que já pesquisei têm um ponto em comum: o bem. Todas possuem parte de sua crença baseada no bem. Este é o sinal de que todas elas estão no caminho da verdade.

194

Outro dia comentei com um amigo que eu tinha feito uma descoberta intrigante. Disse a ele: "Médico entende muito de doença, mas pouco de saúde". E o amigo me perguntou como cheguei a essa conclusão. Respondi: "É simples: conheço médicos que fumam, médicos imensamente acima de seu peso e médicos que comem tanta porcaria que chego a ficar assustado". Saber curar os males não significa, necessariamente, saber atuar em benefício próprio.

195

Não se abandone nunca. Abandonar-se é deixar a falta de esperança prevalecer em um coração cheio de esperança. Não se abandone, faça valer toda sua capacidade de tornar as coisas possíveis.

196

Muitas doenças originam-se da teimosia. A cama nos chama para dormir e não vamos; o pulmão nos pede para deixarmos de fumar e não deixamos; o estômago implora para não exagerarmos na gordura, mas, mesmo assim, comemos até não aguentar mais. Destruir nossa saúde é relativamente fácil e rápido.

197

Quando eu era garoto, no bairro da Vila Prudente, minha rua tinha um comércio e tanto. Por ali passavam a carroça do verdureiro, o carrinho do sorveteiro, a bicicleta do afiador de facas com seu apito agudo, o bater do vendedor de biju e o som no alto-falante da pamonha fresquinha. Por aí, fui descobrindo que produto não tem perna: ele precisa de uma carroça, um alto-falante e um bom apito. Encontre uma maneira de anunciar suas ideias, seus desejos e o que tiver de bom para oferecer ao mundo.

198

Trabalhe em um projeto que desenvolva internamente em você uma porta corta-fogo, para que todas as coisas negativas que chegam à sua vida não o contaminem.

199

A vida nos impõe desafios todos os dias; por isso, temos de crescer diante deles para que eles não cresçam diante de nós. De nada resolve, em um jogo de futebol, ter uma equipe que possui um ataque que faz gols, um meio de campo que "fura" e uma defesa que "toma" gols. O sincronismo em nossas ações determina nossos resultados. Temos de ser bons tanto na defesa quanto no ataque.

200

Dedique-se ao máximo a tudo aquilo que está ao alcance de suas mãos, pois é nas coisas simples que se encontra a chave de toda mudança interna, e é nisso que você deve aplicar sua energia e investir seu tempo. Onde colocamos nosso empenho, nossa dedicação e nossa alma é onde acontecem as grandes transformações de nossas vidas.

Conclusão

Quando os resultados que desejamos não estão acontecendo como gostaríamos, devemos pensar em mudança de estratégias. Somos movidos por resultados. É assim que encontramos motivação para continuar investindo em nosso destino, entre emoções positivas, entre certezas e dúvidas, entre medo e coragem.

Quando fizermos as mudanças necessárias em nosso interior, dentro dos princípios que regem nosso coração, chegaremos onde almejamos... de alguma maneira chegaremos lá...

Existe uma estrela em nosso interior, existe uma voz que nos diz: ainda bem que você existe, que nos faz ter um brilho característico que nos define, um brilho pessoal que nos insere no contexto da existência como seres especiais. É necessário encontrar esse brilho interior onde quer que ele esteja, não importando o quão difícil seja, o quão aparentemente assustador pareça... O que importa é que temos de continuar seguindo este instinto divino que nos guiará rumo a novas paragens da alma.

Mais do que pensar em sobreviver, temos de pensar em contribuir; realizações de ontem que não contribuem hoje serão excluídas pela força da cultura.

Chega de atitudes provisórias que terminam por se tornar permanentes em sua vida.

Sempre temos em nossa vida as ferramentas que precisamos, porém ficamos com nosso foco em coisas que não são nossas prioridades. Ao conhecer imagens de brinquedos mesopotâmios, percebi que eles usavam roda neles, porém, mesmo já conhecendo a roda, não faziam uso dela em carroças ou outros meios de locomover objetos.

Vivemos numa era de muitas mudanças e avanços tecnológicos, mas ainda abotoamos os botões de nossas roupas, não abandone a simplicidade das coisas.

O grande risco não está em sonhar alto demais, mas em acomodar-se baixo demais. Nossos sonhos precisam ser objetos de desejo, transformados em verdadeiros fenômenos de contágio, pois o Criador primeiro nos transforma em rocha para depois começar a esculpir à sua maneira.

Não se passa um só dia, um só momento, um só instante que o mundo não precise de Jesus Cristo, não se passa um só dia, um só momento, um só instante que o mundo não precise daquilo que você tem de melhor.

Este livro foi composto em Perpetua
para a Editora Academia de Inteligência
em abril de 2009